Spruchschlange

Entwirren sie weise Sprüche

Bjørn Zenker

**Bibliografische Information der
Deutschen Nationalbibliothek**
Die Deutsche Nationalbibliothek verzeichnet diese
Publikation in der Deutschen Nationalbibliografie; detaillierte
bibliografische Daten sind im Internet über www.dnb.de
abrufbar.

© 2016 Bjørn Zenker

Herstellung und Verlag:
BoD – Books on Demand, Norderstedt

ISBN: 9783738656848

Inhaltsverzeichnis

Einführung 6

Spruchschlangen 9
    Sprichwörter 9
    Dichter und Denker 54
    Fernöstliche Weisheiten 83

Lösungen 95

Einführung

Spruchschlangen sind der neue schlaue Knobelspaß für helle Köpfe! Sie verbinden Rätseln mit der Erleuchtung, die uns gute Sprüche, Zitate oder Lebensweisheiten geben.

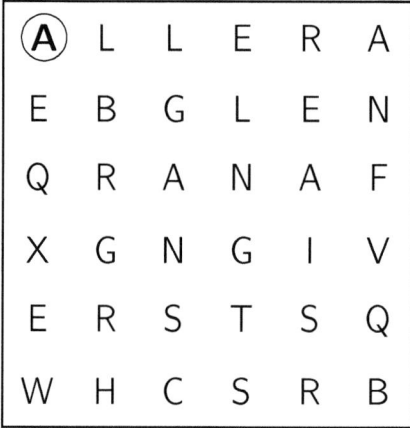

Finden sie den Spruch im Buchstabengitter. Der Spruch beginnt beim eingekreisten und fett gedruckten Buchstaben. Folgen sie den Buchstaben horizontal und vertikal.

Der Spruch kann dabei auch abbiegen, auch innerhalb eines Wortes. Leerzeichen zwischen den Wörtern des Spruchs wurden ausgespart.

Für die obige Spruchschlange sind die ersten Buchstaben im Folgenden bereits hervorgehoben. Beginnend beim Ⓐ lautet der Spruch bis jetzt »Aller Anfang...«. Wie geht der Spruch weiter?

Die Lösung finden sie nach dem Umblättern.

Genau, die entwirrte Spruchschlange lautet »Aller Anfang ist schwer.«. Naja, *so* schwer war es gar nicht, oder?

Noch ein paar Kleinigkeiten: Umlaute sind, wie beim Kreuzworträtsel, umschrieben: „Ä" wird als „A" und „E" dargestellt, „ß" als „S" und „S", usw. Ein Buchstabe an einer Stelle im Spruch kann sich mit dem gleichen Buchstaben an einer anderen Stelle im Spruch überlappen.

Können sie alle Spruchschlangen entwirren?

Spruchschlangen

T	E	E	I	G	C
D	R	T	S	D	D
N	I	N	L	W	**(A)**
U	N	K	E	N	B
F	E	T	R	A	W
S	C	S	G	N	T

Sprichwort

21 Buchstaben

A	R	T	N	E	X
H	T	C	Q	P	O
P	H	N	G	U	Y
C	C	I	K	L	R
R	B	T	E	Z	I
(A)	E	I	Z	Q	V

Sprichwort

20 Buchstaben

```
L F E W U D
F O U H E Ⓑ
U E E F S S
A T E S R E
L Y A P W Y
S N I E G I
```

Sprichwort

17 Buchstaben

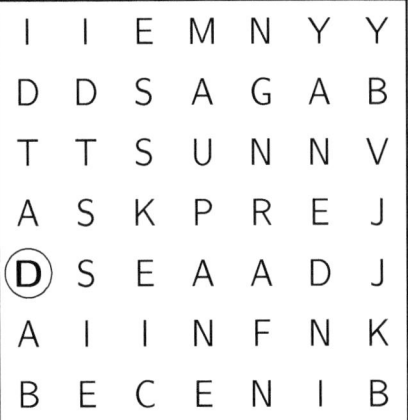

Sprichwort

28 Buchstaben

D	T	E	Q	S	E	U	D	Ⓓ
I	E	T	C	F	M	M	R	E
I	D	N	N	Q	J	S	M	M
C	K	R	E	R	E	T	E	X
N	S	T	K	A	U	A	B	K
L	L	E	N	R	F	X	S	F
E	F	F	O	T	N	H	Z	S
G	S	W	I	R	N	X	H	H
R	G	M	G	J	J	L	A	S

Sprichwort

43 Buchstaben

F	X	V	G	M	E	R	R
S	M	U	Q	T	**D**	G	E
F	S	T	Z	T	E	D	S
Y	I	R	R	E	W	N	U
E	I	E	Y	I	S	S	T
R	C	H	C	V	S	G	X
E	I	W	K	I	N	J	A
W	B	T	H	C	I	B	F

Sprichwort

33 Buchstaben

```
X Y N I G E W
Z E W Ⓔ N H H
X G F N H T I
F E N U I J M
T S T P N L Y
E W E N A T D
H T W N M I A
```

Sprichwort

28 Buchstaben

Sprichwort

47 Buchstaben

```
D E D A N O C M M E
N G E E K Z N A S N
O I P N S S E S U Z
L X C P A M N N T T
B F H B U P G I C H
D I A X E W V L M Y
N U O X O S N J I E
E E M E O J S H X C
V F P E I T P Q R J
X T W O K E U A R Ⓖ
```

Sprichwort

47 Buchstaben

A	I	Y	P	D	Z	Y	W	T
V	P	K	X	Z	B	E	D	I
P	G	F	C	B	S	J	X	C
Z	K	E	I	W	N	E	S	S
S	F	E	E	K	O	Z	G	E
I	N	S	G	H	C	A	E	P
C	J	I	W	T	O	H	G	P
H	T	R	D	D	S	E	S	A
H	S	W	I	R	A	I	S	I

Sprichwort

41 Buchstaben

N	N	N	E	T	L	B	S
M	A	D	I	C	E	I	J
A	C	H	D	H	G	R	I
E	T	L	E	S	S	Z	F
N	Z	I	X	L	A	V	M
P	Y	L	I	I	W	T	W
P	S	Q	N	D	U	(W)	I
H	I	K	V	T	S	L	L

Sprichwort

35 Buchstaben

Sprichwort

33 Buchstaben

R	E	T	T	U	J	F	P	E
D	L	V	B	M	E	S	O	M
E	R	M	K	D	I	P	X	Z
R	J	F	O	T	G	H	C	C
P	K	N	B	S	I	T	I	C
O	R	J	N	G	G	(V)	S	O
T	Z	Q	H	X	V	O	R	M
T	E	L	G	K	I	E	I	C
Z	U	L	A	N	S	T	X	K

Sprichwort

37 Buchstaben

Sprichwort

27 Buchstaben

I	D	E	S	Y	F	A	S
F	N	L	O	L	V	E	T
G	U	H	S	L	M	A	D
C	(S)	E	N	G	P	N	N
H	X	D	W	T	H	C	I
L	A	N	E	I	G	G	W
H	F	E	C	K	I	V	P
D	J	R	U	E	N	A	C

Sprichwort

33 Buchstaben

R	K	Ⓢ	W	Z	N	X
U	T	C	W	K	G	F
G	U	H	L	N	J	W
S	I	F	A	P	P	X
T	D	E	M	E	D	M
E	I	T	G	Z	I	Q
B	E	S	P	I	N	Q

Sprichwort

24 Buchstaben

```
X D T J Y P D W R L
A S U H L K N E R W
G S D M U B M M L A
R T S A V I I T D S
T P H W O H C H U W
N M E R E S I N E E
C Z M M I S I G G I
P C U F K D W R A S
N R M S C N S E Ⓢ S
M F D V M E E B A T
```

Sprichwort

49 Buchstaben

B	I	H	R	X	Y	W	U	P
B	U	S	F	K	E	T	H	X
B	B	E	J	E	L	P	C	S
W	O	R	H	R	L	E	U	E
R	F	E	A	X	F	R	C	F
R	F	H	B	E	N	M	S	T
(R)	E	C	E	A	V	E	I	S
O	S	W	X	D	W	M	A	T
O	T	I	G	E	Z	J	R	E

Sprichwort

37 Buchstaben

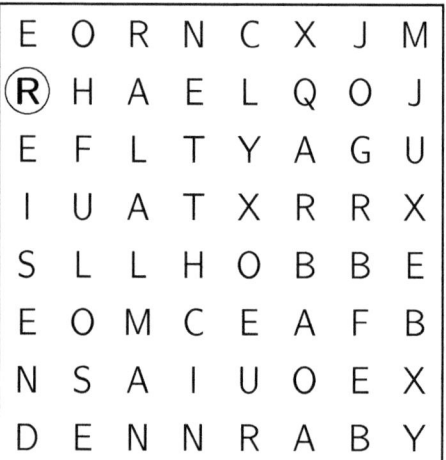

Sprichwort

29 Buchstaben

O	L	T	A	H	S	L	V
N	B	I	E	T	T	A	D
P	O	T	S	I	E	W	B
B	Q	N	T	A	A	V	A
G	U	A	N	I	T	Z	W
A	N	R	B	C	I	L	A
Y	J	G	T	H	H	Q	U
C	K	L	E	I	C	T	G

Sprichwort

33 Buchstaben

U	A	T	S	P	Y	E
F	A	Q	U	T	A	**(P)**
D	A	K	A	K	S	S
A	S	C	F	E	I	T
U	G	S	B	P	D	W
W	E	G	R	B	E	I
D	G	F	B	P	P	C

Sprichwort

26 Buchstaben

Sprichwort

27 Buchstaben

X	B	I	B	D	O	R	G	N	L
N	V	U	N	U	V	P	C	K	S
U	I	H	J	H	O	W	H	U	U
Z	S	P	N	Ⓝ	I	S	Q	H	E
O	S	E	L	U	C	D	I	R	L
N	D	K	S	H	H	J	W	V	N
D	E	R	K	C	T	F	N	S	K
U	F	N	E	S	Z	U	E	N	R
E	R	G	I	D	R	E	X	M	E
U	D	A	S	L	E	B	E	N	L

Sprichwort

46 Buchstaben

```
J  N  F  I  S  B  E
K  J  E  S  T  L  R
R  J  W  T  G  E  A
F  K  C  H  G  S  L
D (N) I  M  E  T  D
O  A  G  R  L  B  S
Z  B  K  E  B  L  E
```

Sprichwort

28 Buchstaben

```
E  U  N  G  V  O  N  G  X
I  T  T  M  N  L  G  E  W
E  Z  E  I  D  E  T  S  N
Q  I  G  W  C  I  E  R  J
Y  Z  U  A  A  W  P  N  E
S  O  S  G  L  T  O  B  E
B  F  I  O  A  I  S  T  H
H  B  T  S  T  S  E  I  C
Y  B  X  A  A  I  F (N) V
```

Sprichwort

37 Buchstaben

Q	G	G	R	Q	O	L	D
Q	X	M	P	Y	B	Z	N
B	D	N	U	N	E	A	E
O	S	N	A	M	O	A	B
L	I	A	(M)	Q	O	M	N
L	N	P	C	H	D	E	C
D	T	A	I	T	R	W	I
E	N	G	N	V	O	W	Q

Sprichwort

34 Buchstaben

```
C R U I H E M I H W S
V H E V L I D T B Y E
T F Ⓔ U N K T E X K B
X L I E J V F I B S L
K A F E R S A F E R T
S I T H C U H C U S F
T N W R G H C H T W F
E I N E L F S J S A A
S N S V E I N E L N H
P W A K L D E I N S C
O A A H O J X D E C L
```

Sprichwort

61 Buchstaben

R	E	G	H	Q	A	T	S	V	E	Z
D	B	K	H	B	E	N	R	E	R	S
I	E	U	N	E	H	D	T	I	E	N
E	W	O	P	S	C	I	Y	P	J	Y
V	T	R	E	N	H	G	E	B	U	V
I	E	C	M	N	E	I	N	C	H	U
S	K	E	G	K	H	Q	S	I	B	E
A	M	A	O	H	C	I	X	Z	E	R
O	N	O	E	U	E	I	R	S	A	D
P	G	Z	I	H	J	W	F	V	E	F
H	E	H	H	H	K	P	K	L	H	P

Tuerkisches Sprichwort

58 Buchstaben

G	I	A	H	A	L	L	E	H	A	N	D	O
B	G	D	M	D	A	H	I	P	L	A	E	F
Y	A	D	K	U	O	C	U	W	S	N	L	U
U	(W)	Z	U	N	D	N	E	S	E	N	S	F
E	C	E	E	F	T	E	D	S	T	Q	I	E
S	S	I	F	I	B	R	R	C	I	N	S	E
K	T	D	H	G	N	I	E	H	I	H	Z	R
N	E	S	J	T	S	I	U	T	X	S	P	T
D	I	A	W	N	E	E	W	G	M	A	Q	Q
V	E	M	E	N	H	W	Z	H	O	W	D	S
S	Z	E	V	S	C	W	T	P	N	G	T	I
Y	F	L	K	Z	U	Q	I	X	X	W	R	A
E	G	A	C	L	X	E	X	X	B	C	V	G

Russisches Sprichwort

84 Buchstaben

```
T R E T I E H G O T S S
U V Z E L D R P L B O A
Z D P N Q S N E N Y E W
E M I C B L N R N W E T
L M J M Z U A L E H G E
L S R I A N I S U C E N
E T E T L X C N E S S E
B G D E N I V F U E X (B)
N Z F Q P O F K A R J U
Y X U K F V J N X H L U
T H A D A Y K N V P H V
I W N E M Q P S X C B O
```

Chinesisches Sprichwort

68 Buchstaben

```
A O A T C J C W Q U J
K L B A F W I G F A M
E I P Q N R T N E Q V
X R O A G E I K Z I J
V R Z C W W E R D H Q
G I R S C E B N E Z A
O R I I H U R W E R E
E K D L C O H R G E H
T E X N E O E A N E L
E N K N N D M L S N E
Q T O E X I R D H A S
```

Chinesisches Sprichwort

55 Buchstaben

40

V	W	M	T	M	F	W	Q	T
B	W	M	O	A	N	A	U	M
G	P	N	K	B	A	R	C	J
C	L	U	L	M	M	S	H	Z
E	N	S	L	G	S	M	V	U
D	L	T	A	O	R	G	K	R
T	S	R	R	X	X	H	U	K
F	R	E	X	T	A	O	R	A
R	L	N	A	M	(H)	N	I	P

Sprichwort

36 Buchstaben

```
K C E U Z T N Y R
E N S T S D E S Y
U O I S C X A E D
Y K U O H W E I T
V S L U N B I E J
O F A A N E G K M
Y E I (D) I A D S A
S R Q L E B E C P
A Q C F S E R M L
```

Sprichwort

41 Buchstaben

```
U  A  U  N  B (A) L  L  E  K
S  R  X  A  N  E  N  N  E  O
E  T  H  C  T  N  U  I  V  Z
N  H  H  I  A  L  N  D  B  L
K  I  O  D  D  E  I  R  P  I
C  O  J  N  T  H  C  L  H  O
A  E  K  E  E  K  C  A  T  H
I  G  O  N  N  F  X  I  T  A
N  E  E  N  A  W  W  P  M  H
I  W  R  E  B  Q  L  M  D  M
```

Sprichwort

51 Buchstaben

```
Z  A  P  U  S  P  H  T  G
F  T  B  U  A  T  S  V  J
B  H  I  U  Z  N  N  T  W
T  N  S  W  A  S  I  A  E
N  I  T  C  D  G  E  Y  I
A  C  E  I  N  U  T  V  D
M  V  A  C  S  E  S  E  O
T  B  M  H  E  E  A  S  B
I  I  E  R  J  H  Ⓓ  N  F
```

Sprichwort

40 Buchstaben

B	E	G	A	F	N	A	Z
L	A	H	N	F	Q	C	G
D	A	S	Z	A	L	N	F
R	A	V	B	L	S	Z	L
E	O	B	O	Z	D	A	R
B	L	N	N	Z	H	S	G
E	X	B	H	E	Z	N	A
I	(L)	L	A	L	B	G	E

Sprichwort

33 Buchstaben

S	E	D	L	A	W	S	E	D	E	M	U
M	A	T	E	B	S	E	B	F	E	A	E
A	C	H	G	O	T	F	L	Q	U	B	P
I	B	M	P	Z	T	G	N	V	Y	E	M
R	R	X	M	I	E	L	I	C	E	I	R
A	Z	G	T	C	H	W	I	H	I	D	O
P	D	B	X	L	I	T	E	T	D	L	M
Q	O	B	W	U	W	I	V	E	I	A	U
W	G	S	A	Z	C	E	L	K	N	M	W
S	X	N	Q	J	C	S	W	E	N	X	P
S	O	Y	N	E	H	N	E	R	I	G	E
O	C	L	T	O	I	F	M	E	I	D	R

Sprichwort

70 Buchstaben

```
X D E N U E W F E W
V M K Q R S X P F F
Y E D U B T E E R E
D H U M E P Q N I S
F R Z M N W C H W T
A F K W H G T O I Y
U U J Q O R A N E E
P I Y L N B T E N I
G Z Q Q E N I E M E
P W I N H C D E A N
```

Sprichwort

48 Buchstaben

A	Y	U	N	L	E	I	B	B	E
G	I	N	D	B	E	E	D	A	I
F	E	L	L	Y	E	L	E	I	V
X	N	E	A	Y	K	O	E	C	S
P	A	J	H	C	O	M	E	H	S
Q	Z	B	J	D	(K)	K	V	V	J
P	V	V	K	C	I	E	E	G	Q
J	J	A	D	R	B	R	R	F	U
G	I	X	J	C	N	Z	D	E	R
V	H	A	H	J	E	D	N	E	B

Sprichwort

50 Buchstaben

R	N	P	T	Z	A	T	U	H	V
J	E	M	B	E	H	A	X	Z	R
V	T	J	R	M	L	I	U	D	I
O	D	R	E	U	E	R	E	S	C
F	Y	R	T	E	N	M	U	S	E
G	T	I	W	S	A	W	T	I	N
Z	I	B	R	E	K	C	I	L	H
P	S	M	T	H	L	E	T	L	A
Z	S	X	I	Z	R	L	E	N	W
D	E	N	I	C	E	U	F	R	I

Sprichwort

51 Buchstaben

```
Y S L N A U A T
A D A Z G G S X
S I S X E S A D
G R T C B H E R
A E F G L A B Ⓛ
N Z T T R V E I
X E H M C Y Q T
B L A Q Z B C Q
```

Sprichwort

33 Buchstaben

```
R D I E G E I G
E Y L V S M U E
T K Y J O S Q I
L U J H D U E S
E N K B W A D S
A T Z S P O R E
E E J S M N D E
Ⓙ K Y Y T O T R
```

Afrikanisches Sprichwort

33 Buchstaben

Schwedisches Sprichwort

36 Buchstaben

```
O  T  S  S  I  G  R  V  W  D
F  T  S  I  N  S  E  V  F  S
R  D  A  E  M  E (D) G  F  V
A  D  S  R  A  R  P  N  G  Q
W  E  S  E  L  S  C  I  L  R
M  P  U  A  E  I  H  M  E  E
L  R  I  R  I  K  V  C  T  T
B  Z  Y  E  N  H  D  E  Z  H
E  C  T  P  B  N  C  Z  P  W
U  R  G  Z  C  J  L  W  W  L
```

Schwedisches Sprichwort

51 Buchstaben

```
E W P B V P L L M B F T Z
S E Z A Q S P X V A U O W
E G H Q E N W P T F F N T
N L E X E I T X L T G U J
D I H C I E M Q L Z S K D
J E W S C L X Y D W S Y U
E S S R H A M N C I K D K
D E C E L K E I H E M F E
Q W H V U C N E E E J B V
A E I N S T K O N T Z V T
D E S F I D E T N S M M O
N M S E N I E G R S H F X
Ⓘ R D C P I B J O E N C M
```

Arthur Schopenhauer

83 Buchstaben

54

E	P	A	D	A	O	R	D	E	N
K	S	E	T	S	Z	U	R	L	W
D	U	Z	E	I	I	W	E	S	A
O	T	R	T	N	T	D	Q	M	A
R	F	I	Y	T	W	S	A	H	N
P	K	W	P	S	I	S	E	T	T
U	E	A	S	L	I	E	G	S	E
I	G	S	A	R	W	H	C	E	I
O	E	Q	F	M	G	P	V	K	N
T	P	K	N	E	N	N	E	O	U

George Elliot

49 Buchstaben

```
N W R R A T S
Q H T E T E R
Q U Q M S I R
K I S U A A U
W G E E I T T
S K G F H E K
Y N R Q C R (A)
```

Arthur Schopenhauer

28 Buchstaben

H	A	P	R	F	W	B	V	R
G	N	E	L	H	D	I	E	Y
A	G	Z	E	G	I	X	I	B
K	H	M	M	H	G	R	U	B
A	L	E	S	H	C	D	I	F
L	T	D	P	R	E	W	R	T
L	S	I	Q	A	E	D	E	I
E	I	E	B	T	N	D	Ⓓ	E
I	N	Q	E	S	N	I	G	K

Arthur Schopenhauer

36 Buchstaben

```
E H E I L E V A O H R
N F V J X G A V R Y M
V L D Z A T Z E T M V
W C N O J I E T I M Z
N K O U X L U E T S E
G M X R L G U C K F B
P W Y C M S V F W I N
E B R E Ⓙ E W P E R U
S I L D E D N N U D F
O T Z U N E V S R A U
J N L Y D J Y N U E W
```

Arthur Schopenhauer

61 Buchstaben

H	F	F	R	I	W	D	L	A	R	P	M
G	U	D	E	O	U	Q	A	P	X	N	W
Y	W	A	S	M	Z	Y	V	V	L	W	B
H	C	P	J	O	I	V	F	T	E	P	N
O	I	E	R	C	M	C	M	M	W	N	V
H	R	P	E	H	D	E	H	R	F	E	T
N	N	R	D	R	J	S	B	E	L	O	M
E	A	T	O	E	W	B	S	E	U	P	K
G	E	W	T	K	N	A	S	I	C	H	H
E	D	D	K	M	E	G	I	L	T	G	S
L	N	U	S	T	G	L	C	K	K	N	Q
D	U	B	I	N	Q	U	E	B	H	P	A

Francois Fénelon

66 Buchstaben

```
G  V  I  W  V  X  F  M  C
R  G  E  D  A  K  F  X  O
L  E  L  N  E  P  K  P  F
A  S  Z  E  S  C  Y  Q  G
E  S  I  E  R  F  U  S  T
N  I  T  Z  Q  Y  A  O  S
H  E  I  I  C  F  Z  T  I
P  V  W  Q  Z  C  H  T  S
X  D  E  E (N) I  U  M  F
```

Oscar Wilde

36 Buchstaben

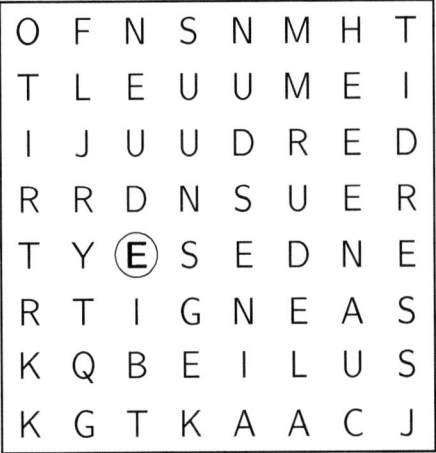

Oscar Wilde

34 Buchstaben

```
Z X J C E S W M T B
P S T N I Z O S Q T
D I Z N E Z I N H N
Ⓔ S Q A N U S Y E T
S A D T E A P R R V
Z U Q C Y G I Y N C
Y W E R R N E S E A
X D S D E C T E N N
K S A W N E T I N E
R M A N H A Z Y K O
```

George Elliot

49 Buchstaben

Oscar Wilde

35 Buchstaben

```
T O V W H N S X H U K G
W U X E F X I B J Q X C
C N W N U Z V Z Q T T M
Z I R D A D S M O V S C
H V G D X L P U K U T Z
V W B O A B I G T E H Z
J A O L R C E K S H C I
E R E W Q U L M R E N N
V S U M E D T I E V N E
E (L) E F X E F G E B R N
U D I I C I N R R E N
T E E S H D V P V E Q O
```

Oscar Wilde

65 Buchstaben

V	Z	P	J	N	E	F	D	F	N	J	D	S
U	K	T	S	N	E	O	N	F	Y	S	A	E
V	Y	L	E	R	U	K	R	E	D	S	G	I
N	I	E	M	I	K	H	U	R	M	E	I	D
K	L	H	Q	T	K	S	O	B	E	W	S	T
N	A	P	Q	P	S	N	Y	B	D	I	X	N
G	T	S	I	C	H	E	T	I	D	H	E	M
M	I	X	T	S	I	O	V	E	C	P	P	C
H	O	O	D	D	M	N	P	R	I	G	I	A
N	A	S	T	T	I	W	X	T	E	D	G	T
E	W	F	R	I	K	I	O	S	X	T	O	A
N	N	D	K	D	E	R	S	H	C	K	D	Z
S	W	I	E	K	Q	Y	I	C	Z	C	E	N

Oscar Wilde

76 Buchstaben

H	P	H	T	G	O	O	S	U
V	C	C	A	R	B	D	I	Y
Q	B	I	T	I	E	M	Q	B
A	B	N	E	T	H	O	L	Z
I	Z	S	S	I	S	T	S	Z
Z	I	U	J	I	Q	D	A	I
N	K	(M)	T	O	H	B	D	E
E	O	O	B	O	W	E	D	L
H	C	S	N	E	M	S	C	N

Oscar Wilde

37 Buchstaben

Oscar Wilde

42 Buchstaben

E	E	T	A	S	Q	E	U	E	B	E
F	J	F	I	N	O	B	N	E	S	R
I	Q	O	V	U	K	E	A	H	V	T
Q	P	L	W	N	S	I	M	E	I	B
H	Z	B	E	D	T	Ⓓ	S	N	M	I
I	E	W	R	Y	N	W	A	Q	U	S
S	K	H	T	D	E	S	S	B	P	S
H	E	E	T	A	Z	W	I	H	K	F
E	I	T	S	R	I	U	W	I	Q	P
E	J	B	E	P	N	Z	C	S	F	F
T	P	G	L	H	W	W	J	G	L	R

William James

59 Buchstaben

E	Z	O	D	I	B	A	J	D	V	C	S	E	G
H	V	P	O	T	E	H	T	U	A	H	T	A	N
O	I	A	Y	K	N	I	B	G	X	A	H	R	Y
C	G	Y	F	A	E	L	I	O	J	A	C	I	Z
X	T	Z	E	C	H	R	C	L	T	D	W	N	D
J	F	Z	G	E	X	N	H	E	A	L	L	T	G
O	F	O	Q	I	X	B	S	T	W	R	E	L	E
Q	I	S	C	(D)	N	A	T	L	E	G	E	D	W
U	U	A	H	C	S	D	I	J	S	V	H	I	E
N	G	E	N	I	W	G	S	Z	Q	E	C	F	J
M	Y	D	T	S	U	Q	U	U	N	V	L	I	P
Q	D	I	A	F	N	S	A	U	G	D	E	H	P
G	A	E	W	F	A	N	H	L	R	E	W	M	O
O	L	M	E	L	T	S	C	E	U	T	E	N	K

Alexander von Humboldt

99 Buchstaben

S	G	H	V	A	N	N	Y	V	P	M	Z	Q
Q	D	N	R	M	I	N	I	V	O	G	R	X
Y	V	H	Z	E	T	H	C	I	Q	U	L	K
J	L	N	S	E	W	W	E	F	C	X	W	X
O	W	M	N	U	E	S	L	Y	T	N	U	E
W	U	E	I	T	I	S	C	W	E	L	K	H
O	J	N	N	E	W	O	H	E	S	P	L	U
O	H	I	I	T	H	C	I	C	U	F	E	U
Z	K	E	G	N	I	S	R	R	E	N	R	I
J	Q	I	J	N	K	T	E	U	D	M	E	R
F	N	E	V	A	E	I	N	C	D	S	N	A
P	P	W	U	D	S	U	W	I	N	T	E	C
I	Z	J	C	G	S	U	M	N	R	E	U	T

Seneca

76 Buchstaben

T	G	A	L	T	G	E	D	H	B
I	E	W	Y	C	A	W	I	E	A
M	O	X	G	L	N	I	L	M	X
N	B	M	D	Q	N	A	N	X	G
A	G	N	S	O	T	K	N	O	W
M	L	X	F	J	R	J	M	A	U
S	A	W	P	H	F	Q	I	N	N
T	N	E	T	L	A	W	E	P	U
H	B	R	P	A	L	T	G	X	R
Y	S	T	V	H	E	B	T	I	M

Mahatma Ghandi

49 Buchstaben

```
U  H  H  T  D  C  O  R  E  D  E  L  F  F  A
E  K  G  I  H  E  A  F  W  F  B  H  C  H  N
I  T  E  S  C  C  A  Y  Y  X  U  E  R  V  G
I  D  N  T  M  W  P  S  A  K  F  E  G  R  C
E  Q  H  C  X  X  B  M  X  W  V  I  E  X  V
I  F  W  Y  B  Z  T  W  Y  E  R  D  X  L  D
N  Q  W  J  N  P  Y  S  E  W  I  E  N  I  N
U  N  L  D  S  E  B  E  I  N  K  L  I  S  N
L  S  H  N  I  S  R  D  N  A  T  S  K  E  E
I  E  Z  W  Z  G  X  E  B  L  I  M  F  H  X
E  G  C  K  Q  W  P  U  L  W  N  X  S  C  U
N  E  N  S  C  J  E  Z  E  I  E  Ⓤ  N  E  K
V  T  D  J  E  G  E  R  I  S  T  N  W  U  S
O  O  E  S  J  I  N  W  W  X  L  S  E  J  F
R  B  D  Y  E  N  L  A  S  H  F  E  R  G  G
```

Goethe

109 Buchstaben

F	K	M	S	W	R	S	I	E	N	N	D	E	R
N	G	B	E	V	I	W	N	C	I	O	E	W	N
B	H	T	Y	J	J	Y	E	H	T	S	I	L	W
Z	F	W	L	X	P	T	G	A	W	S	E	J	I
S	U	D	U	C	U	T	O	D	D	E	I	S	R
C	L	S	C	H	W	I	E	I	N	N	I	C	H
S	D	S	S	K	H	R	R	I	I	R	I	W	T
W	T	P	E	C	U	S	M	G	S	E	G	A	V
F	U	G	G	R	R	Z	M	E	W	I	C	G	E
M	L	X	N	I	D	E	G	I	T	W	H	S	N
X	W	H	E	B	O	I	D	L	H	(N)	C	I	N
F	K	V	K	V	R	N	I	W	C	I	S	Q	D
K	E	M	T	J	T	E	Z	F	X	N	E	I	S
K	G	W	H	N	L	T	O	O	S	E	C	L	D

Seneca

89 Buchstaben

B	N	D	V	C	R	G	Ⓦ	O	T	S	H
K	A	N	D	N	A	N	E	H	L	E	E
S	W	T	E	S	P	R	H	R	O	R	L
T	J	E	R	R	J	E	C	Z	Y	Z	O
H	Y	N	L	E	D	I	W	E	N	E	G
Q	I	D	E	U	T	E	R	X	F	M	X
E	G	L	S	Q	W	N	P	T	D	E	R
U	S	V	R	W	E	I	T	S	N	X	K
O	I	L	S	R	E	S	E	B	L	K	U
B	Z	P	P	R	D	I	W	M	E	X	A
T	L	D	N	E	C	H	S	I	S	E	N
A	O	X	A	R	F	E	N	C	H	T	Z

Oscar Wilde

66 Buchstaben

N	G	A	R	K	A	C	B	D	X	A	W	D
T	S	I	N	E	B	I	B	D	O	V	H	O
U	N	T	W	G	E	L	W	V	I	F	J	Z
E	E	N	C	A	A	S	Q	H	L	Q	O	Q
T	L	D	L	T	D	L	M	U	P	U	Y	M
S	E	S	I	C	D	A	F	R	W	I	H	L
A	X	L	X	H	D	N	I	E	O	R	R	U
M	E	E	I	V	E	N	N	T	U	A	O	P
P	R	S	I	O	N	E	T	S	Z	W	T	I
R	A	L	R	N	K	O	E	I	C	S	I	L
P	U	L	G	T	W	S	D	E	G	E	H	C
M	V	V	E	E	A	A	E	R	N	S	C	I
T	R	T	N	D	S	D	X	M	E	N	H	L

Sherlock Holmes (A. C. Doyle)

84 Buchstaben

```
Ⓦ N D U D A D A S T D A N N P
E N I S U S I H N E D T S I Q
Q O W L N G D H L S A L Q C D
R J Y O M P Q C O S S W E F V
A A U E G E A S W L N A S U E
R X U A L H U E P C L X H R B
I H C E I C S G K T Z F X I D
S T F I T K Z H T B P E B G I
S Q Q S P Z V B U C Y X L E I
M E O H P U B U F V M M U Y B
B A A C U S T O V P X M I D T
U Q F I V J U E T D F X E W A
R S I L A D N I W T I E H R H
B E I N S R W E M N E Q D N V
X Z E H C H A N R J J O U V V
```

Sherlock Holmes (A. C. Doyle)

103 Buchstaben

N	E	I	H	P	O	L	G	N	C	H	U
U	L	W	C	O	S	I	F	E	N	C	E
S	T	T	A	C	X	H	Y	D	S	I	B
E	I	G	M	H	E	P	E	I	D	R	E
I	C	N	O	D	N	K	I	S	I	N	D
T	B	N	K	N	D	C	E	S	T	W	A
T	I	R	X	Q	A	S	H	C	N	R	H
S	A	A	A	R	O	A	I	Y	M	H	E
W	H	P	O	S	O	L	I	H	P	T	I
T	I	E	N	A	K	Y	G	Q	V	R	Z
F	E	R	E	B	R	L	C	Z	C	A	P
O	U	N	E	V	B	M	P	A	N	P	F

Blaise Pascal

68 Buchstaben

Francis Bacon

61 Buchstaben

K	Q	Y	Q	T	G	T	Q	S	G	E	F
O	U	L	K	N	M	E	L	T	P	T	A
F	H	V	O	W	R	I	B	H	C	M	N
J	P	S	A	C	I	N	T	F	I	G	Z
W	F	S	R	A	W	R	E	N	N	H	U
N	T	N	K	Q	R	E	D	A	S	A	B
F	F	C	H	Q	N	D	F	E	M	E	E
R	C	I	I	N	D	N	I	N	A	I	N
F	Y	L	Q	N	E	R	Z	E	T	S	K
E	L	N	S	V	C	S	Y	I	E	T	Y
I	L	H	E	O	F	R	I	T	G	E	H
X	R	P	D	W	E	G	W	N	E	B	A

Marie von Ebner-Eschenbach

75 Buchstaben

O	J	G	X	W	X	T	U	J	I	M	P
C	O	S	Y	I	Q	L	J	B	N	A	V
X	P	R	W	M	H	D	U	D	B	B	D
H	B	K	Z	N	Y	W	S	E	A	A	R
C	R	O	Q	U	M	Z	U	I	M	B	H
I	Y	T	Y	W	C	C	E	Ⓓ	S	R	O
L	E	D	N	C	S	A	P	C	J	I	S
G	R	H	K	Q	L	F	R	E	D	A	X
E	S	D	N	E	R	R	T	E	R	E	N
A	P	A	E	T	E	U	E	H	H	A	J
T	D	T	C	D	R	E	G	R	R	P	K
S	A	S	I	E	T	D	N	U	H	T	L

Marie von Ebner-Eschenbach

65 Buchstaben

```
R F R G E G F C W R X N I N T N
C Y U X L B U Z M Q U E E D S I
R Q P A P V R V L Z R T R K I C
J T A T B W Y B G I G I E U T H
R W P Q O A N E R L F U K N S T
V X Y D L F G W H T R E G I S S
V J D U Q N I N C N U R R T C H
I Z N H L A S T S U P F E W L W
T X R Y K R X V K V E A R E R E
E U V X D E V T J B S L E B E D
S B H Z L L J X N E E R R D U E
A X D L A Z Y W E V N D E N T E
T E X T E T N M D M U X N U Z T
X Z A L S A Q E N N S B E C U G
T E E A R E Ⓓ L L O V H C I E L
T R H O M K M G J Y N G S F T K
```

Marie von Ebner-Eschenbach

119 Buchstaben

```
D E N P O C H W I E S K X Z
R U U H I S R M U D N C S A
A W R A T E I E N E E C Z B
U S R U F G F B E R A C X Y
P E C I R T S E G S U U W G
E L H E Z T U L U S N W M J
I E (W) N A W I L N L E E R D
V E I Z C U G T N D B M N E
L S Z U W E R T U H E U E S
T I K S V G D E N A I R A S
A X O N A O R T M T D H N E
N R R Y O N Q H R N O C S E
W M L R G A B O W S C H F G
Q A F M R A N L G B A A U F
```

Marie von Ebner-Eschenbach

97 Buchstaben

P	S	U	X	S	G	E	N	D	Y	Q
Q	M	D	C	B	Ⓓ	S	H	E	O	J
H	I	J	E	R	E	I	A	T	S	E
E	G	X	E	W	R	E	Z	K	E	I
N	U	J	V	A	E	L	F	N	E	N
G	U	W	G	H	R	S	E	Z	N	D
S	T	T	G	E	E	T	B	I	I	P
F	X	E	N	L	E	G	L	E	E	I
J	Z	J	W	E	D	X	Z	A	N	S
H	M	O	N	G	L	L	E	R	C	C
E	L	C	H	W	I	L	J	T	O	U

Laozi

59 Buchstaben

N	A	E	J	R	X	D	H	G	P
W	Y	Z	Q	O	I	D	B	Q	Z
V	O	L	A	E	D	T	R	K	X
G	A	Z	Y	M	W	E	C	Q	R
H	C	I	S	A	M	U	N	E	F
T	S	(N)	M	C	L	E	I	O	F
J	T	U	Y	I	E	H	E	I	A
S	I	N	X	V	T	I	N	I	H
T	B	S	E	R	S	M	H	C	C
C	E	S	A	A	L	Y	T	S	S

Laozi

47 Buchstaben

A	H	K	W	N	S	P	B	I	C
A	M	R	Q	R	E	R	Z	X	O
R	V	I	M	X	C	H	S	F	P
O	Z	I	Q	E	S	R	T	P	G
Z	E	I	N	E	M	I	T	B	N
I	T	V	E	S	I	E	N	I	D
M	N	O	O	T	U	R	E	E	O
T	T	A	E	N	I	C	V	H	W
N	N	U	S	D	M	E	I	C	U
H	I	G	E	B	N	E	L	Y	A

Laozi

51 Buchstaben

A	E	C	H	S	N	J	T	E	B
A	G	I	S	T	L	L	T	U	E
T	Y	E	W	E	H	E	I	W	R
F	M	A	S	I	R	W	N	T	D
E	H	(D)	D	N	E	Z	D	E	A
N	N	D	I	E	S	P	A	H	S
T	K	T	Z	R	A	K	E	R	T
V	D	T	C	S	Z	E	M	S	T
N	I	J	P	S	S	K	K	S	E
I	L	J	J	M	N	O	E	T	B

Laozi

47 Buchstaben

F	I	P	H	N	E	R	X	R	P
Z	M	Z	F	N	N	H	P	W	O
U	A	A	X	I	K	A	M	K	G
L	K	Q	B	S	Z	N	N	I	U
C	J	P	S	R	J	N	Q	S	T
V	(D)	B	I	E	C	N	H	I	N
R	E	B	A	N	A	I	E	C	J
S	I	Y	M	G	E	S	T	H	Q
T	N	N	I	D	E	D	N	M
M	A	D	E	W	E	R	U	Z	H

Laozi

45 Buchstaben

```
M F I E I X X O A D G R T K
D S T S S G T L L E N A F N
E S U J E I D E W R B T R A
E N E N L I Ⓙ E L E S N E D
N A R E G E C N G D R E G T
N B H W T S L S E S N N E I
P K R R D I K U I T B A R L
M O F F G E G E M R N Y E N
U R Z A D H U B N Y R O G N
R E V K T X R T H Q O B T F
Y F Y P I D B D E R I S O L
F C Q I N E E O G G E L E Q
H N N S B V F P E O S S B F
E A P K X V N P Z H C I T
```

Laozi

89 Buchstaben

```
L V W I E G X M W B T
O M F B G B F E D K Y
P K P J V R U N E W E
Z D N A H E B R V E R
W E L N E N J E Ⓓ E W
J E C E J H Z L R I L
B E U R N O J X M I T
T L E L E K R I W Z Z
B E H R K N C D F J J
Y C X U O H R E D E N
B O V N G N E W X H T
```

Laozi

62 Buchstaben

E	U	N	U	Z	N	E	S	B	H
T	Z	E	N	O	E	S	R	B	L
V	Q	E	N	H	W	Q	B	K	W
Z	J	I	E	S	N	D	A	U	J
T	I	E	R	T	E	L	Y	E	T
Z	N	Q	R	Y	A	L	S	I	Q
K	R	D	S	O	S	E	T	E	W
O	Z	L	S	W	A	S	A	T	E
O	N	D	E	F	K	S	E	G	U
J	W	F	O	O	P	C	R	S	B

Laozi

49 Buchstaben

I	K	P	B	W	C	R	U	E	K	C	I
D	I	Y	W	O	H	D	D	A	L	B	L
N	F	W	V	F	B	R	S	E	L	M	W
A	J	W	B	G	N	I	K	C	Q	E	X
Z	S	J	D	T	D	R	L	D	A	R	C
C	N	A	Y	J	E	R	O	O	L	I	M
P	F	M	L	O	A	M	H	L	K	T	R
W	Y	C	L	L	G	W	O	O	A	C	E
B	P	J	E	E	K	E	N	H	N	X	(W)
N	Z	Q	Z	N	N	S	E	D	E	V	V
Y	Q	W	S	W	T	S	B	L	B	F	X
Q	V	R	V	T	N	I	N	E	I	K	L

Laozi

65 Buchstaben

```
P  Q  Y  B  I  L  D  T  O  N  D  X  E
N  H  F  N  A  M  E  T  N  U  M  A  C
N  Z  Q  P  F  E  Z  E  L  U  A  T  H
Z  S  S  E  A  G  S  U  A  R  A  D  M
H  G  S  E  A  U  F  D  E  Y  I  F  Q
O  U  Z  S  D  F  J  N  M  B  Y  Q  M
E  W  D  S  T  H  C  I  S  Y  W  V  Z
K  R  A  H  B  A  R  K  E  I  M  F  N
N  A  A  C  R  B  S  E  I  R  K  B  H
B  E  R  U  A  P  S  S  T  R  M  S  Y
K  H  U  S  J  A  E  P  G  F  H  W  L
S  G  H  T  A  F  E  Z  U  Q  Z  D  Z
X  D  H  D  E  S  G  Q  J  X  S  R  U
```

Laozi

82 Buchstaben

M	R	O	X	E	N	N	T	N	T
R	Y	E	O	K	C	L	S	I	T
A	V	U	N	R	A	O	K	A	S
P	Z	T	D	E	G	R	Q	M	E
B	P	I	E	O	S	F	U	A	N
I	U	G	H	G	A	L	Q	Q	Y
L	N	U	S	E	B	C	V	E	E
U	E	L	(K)	S	X	A	J	J	G
E	S	S	O	D	I	H	L	O	A
G	E	N	R	G	E	F	W	W	A

Laozi

52 Buchstaben

I	V	N	U	T	U	E	I	P	G	F	F
S	I	G	J	T	V	D	R	Z	L	A	F
L	I	W	Y	H	O	E	T	S	F	I	B
D	E	I	X	C	N	B	L	X	N	E	S
A	L	X	C	I	Q	C	S	N	B	L	T
N	H	U	V	N	J	W	H	E	P	Z	K
G	T	B	N	T	M	W	E	S	Y	Q	I
S	A	P	Ⓔ	S	M	Y	T	S	L	B	P
A	F	J	S	I	V	D	S	T	H	M	A
M	D	S	T	O	N	C	L	H	C	N	U
V	U	H	S	O	C	G	E	N	I	Y	O
J	G	E	M	L	A	N	D	U	X	C	H

Konfuzius

66 Buchstaben

Lösungen

Seite 10: »Abwarten und Tee trinken.«

Seite 11: »Arbeite klug, nicht hart.«

Seite 12: »Besser spaet als nie.«

Seite 13: »Da beisst die Maus keinen Faden ab.«

Seite 14: »Der duemmste Bauer erntet die dicksten Kartoffeln.«

Seite 15: »Der Gesunde weiss nicht, wie reich er ist.«

Seite 16: »Ein Weg entsteht, wenn man ihn geht.«

Seite 17: »Einem nackten Mann kann man nicht in die Taschen greifen.«

Seite 18: »Graue Koepfe und blonde Gedanken passen nicht zusammen.«

Seite 19: »Nichts wird so heiss gegessen, wie es gekocht wird.«

Seite 20: »Willst du was gelten, dann mach dich selten!«

Seite 21: »Zu Tode gefuerchtet ist auch gestorben.«

Seite 22: »Vorsicht ist die Mutter der Porzellankiste.«

Seite 23: »Steter Tropfen hoehlt den Stein.«

Seite 24: »Schlafende Hunde soll man nicht wecken.«

Seite 25: »Schlaf ist die beste Medizin.«

Seite 26: »Sage nicht immer, was du weisst, aber wisse immer, was du sagst.«

Seite 27: »Rostige Daecher haben meist feuchte Keller.«

Seite 28: »Reisende soll man nicht aufhalten.«

Seite 29: »Quantitaet ist nicht gleich Qualitaet.«

Seite 30: »Passt wie die Faust auf das Auge.«

Seite 31: »Probieren geht ueber studieren!«

Seite 32: »Nicht fuer die Schule, sondern fuer das Leben lernen wir.«

Seite 33: »Nichts ist gelber als gelb selber.«

Seite 34: »Nichts ist so alt wie die Zeitung von gestern.«

Seite 35: »Man soll den Tag nicht vor dem Abend loben.«

Seite 36: »Eifersucht ist eine Leidenschaft, die mit Eifer sucht, was Leiden schafft.«

Seite 37: »Tiere verstaendigen sich ueber das Riechen, Menschen ueber die Worte.«

Seite 38: »Wuessten die Menschen, was die Zukunft bringt, sie wuerden doch alle handeln, als wuessten sie es nicht.«

Seite 39: »Besser auf neuen Wegen etwas stolpern als in alten Pfaden auf der Stelle zu treten.«

Seite 40: »Schildkroeten koennen dir mehr ueber den Weg erzaehlen als Hasen.«

Seite 41: »Hat man erst den Stall, kommt man auch zur Kuh.«

Seite 42: »Die Beredsamkeit des Entzueckens ist Schweigen.«

Seite 43: »Alle koennen tadeln und richten, aber wenige koennen dichten.«

Seite 44: »Das Boese schreibt man in Stein, das Gute in Staub.«

Seite 45: »Lieber das Halbe ganz, als das Ganze halb.«

Seite 46: »Nicht einmal die Baeume des Waldes machte Gott gleich, wieviel weniger die Menschen.«

Seite 47: »Ein Braten ohne Pfeffer ist wie ein Maedchen ohne Brueste.«

Seite 48: »Koch allein und bleib dabei, viele Koeche verderben den Brei.«

Seite 49: »Was wir teuer bezahlen muessen, halten wir fuer Leckerbissen.«

Seite 50: »Lieber das Halbe ganz, als das Ganze halb.«

Seite 51: »Je aelter die Geige, umso suesser der Ton.«

Seite 52: »Wo einer Lehrling war, wird er nicht Meister.«

Seite 53: »Der Schmetterling vergisst oft, dass er einmal eine Raupe war.«

Seite 54: »Indessen ist die groesste Eiche einmal eine Eichel gewesen, die jedes Schwein verschlucken konnte.«

Seite 55: »Es ist nie zu spaet, das zu werden, was man haette sein koennen.«

Seite 56: »Architektur ist erstarrte Musik.«

Seite 57: »Der Wechsel allein ist die Bestaendigkeit.«

Seite 58: »Jeder Besitz und jedes Glueck wird uns nur auf unbestimmte Zeit geliehen.«

Seite 59: »Wirf das Joch des ueberfluessigen ab, werde reich ohne Geld, und du bist gluecklich.«

Seite 60: »Nichts ist so aufreizend wie Gelassenheit.«

Seite 61: »Es gibt keine Suende ausser der Dummheit.«

Seite 62: »Es ist nie zu spaet, das zu werden, was man haette sein koennen.«

Seite 63: »Skeptizismus ist der Anfang des Glaubens.«

Seite 64: »Leute, die sich die Finger verbrennen, verstehen nichts vom Spiel mit dem Feuer.«

Seite 65: »Wenn die Kritiker sich streiten, so beweist dies, dass der Kuenstler im Einklang mit sich ist.«

Seite 66: »Musse, nicht Arbeit, ist das Ziel des Menschen.«

Seite 67: »Nachahmung ist die hoechste Form der Anerkennung.«

Seite 68: »Die Kunst der Weisheit besteht darin, zu wissen, was man uebersehen muss.«

Seite 69: »Die gefaehrlichste aller Weltanschauungen ist die Weltanschauung der Leute, welche die Welt nicht angeschaut haben.«

Seite 70: »Wenn ein Seemann nicht weiss, welches Ufer er ansteuern muss, dann ist kein Wind der richtige.«

Seite 71: »Was man mit Gewalt gewinnt, kann man nur mit Gewalt behalten.«

Seite 72: »Unsere Wuensche sind Vorgefuehle der Faehigkeiten, die in uns liegen, Vorboten desjenigen, was wir zu leisten imstande sein werden.«

Seite 73: »Nicht weil die Dinge schwierig sind, wagen wir sie nicht, sondern weil wir sie nicht wagen, sind sie schwierig.«

Seite 74: »Wohlerzogene widersprechen anderen Leuten, Weise widersprechen sich selbst.«

Seite 75: »Das Leben ist unendlich viel seltsamer als irgend etwas, das der menschliche Geist erfinden koennte.«

Seite 76: »Wenn Du das Unmoegliche ausgeschlossen hast, dann ist das, was uebrig bleibt, die Wahrheit, wie unwahrscheinlich sie auch ist.«

Seite 77: »Sich ueber die Philosophie lustig machen, das heisst in Wahrheit philosophieren.«

Seite 78: »Der beste Teil der Schoenheit ist der, den ein Bild nicht wiedergeben kann.«

Seite 79: »Das meiste haben wir gewoehnlich in der Zeit getan, in der wir meinten, nichts getan zu haben.«

Seite 80: »Die Ambrosia der frueheren Jahrhunderte ist das taeglich Brot der spaeteren.«

Seite 81: »Der alte Satz: Aller Anfang ist schwer, gilt nur für Fertigkeiten. In der Kunst ist nichts schwerer als beenden und bedeutet zugleich Vollenden.«

Seite 82: »Wie vieles wurde nur aufgeschrieben, um wieder ausgestrichen zu werden, und hat doch aufgeschrieben werden muessen.«

Seite 83: »Der wahre Reisende hat keinen festgelegten Weg, noch will er an ein Ziel.«

Seite 84: »Nichtstun ist besser, als mit viel Muehe nichts schaffen.«

Seite 85: »Auch eine Reise von tausend Meilen beginnt mit einem Schritt.«

Seite 86: »Das Weichste in dieser Welt ueberwindet das Haersteste«

Seite 87: »Der Sinn, den man ersinnen kann, ist nicht der ewige Sinn.«

Seite 88: »Jenseits des Nennbaren liegt der Anfang der Welt. Diesseits des Nennbaren liegt die Geburt der Geschoepfe.«

Seite 89: »Der Berufene verweilt im Wirken ohne Handeln. Er uebt Belehrung ohne Reden.«

Seite 90: »Des Wassers Guete ist es, allen Wesen zu nuetzen ohne Streit.«

Seite 91: »Wer mit klarem Blicke alles durchdringt, der mag wohl ohne Kenntnisse bleiben.«

Seite 92: »Man bildet Ton und macht daraus Gefaesse: Auf dem Nichts daran beruht des Gefaesses Brauchbarkeit.«

Seite 93: »Klugheit und Erkenntnis kamen auf: so gab es die grossen Luegen.«

Seite 94: »Es ist nicht von Bedeutung, wie langsam du gehst, solange du nicht stehenbleibst.«

Mehr Spruchschlangen finden sie auf
www.spruchschlange.de!

Entwirren sie Spruchschlangen auch auf ihrem Smartphone mit der Spruchschlangen App!

TACTICROSS

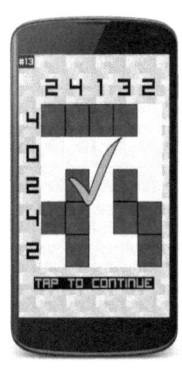 

Das herausfordernde Logikrätsel als Buch und als App für Dein Smartphone!

Hol's Dir auf www.tacticross.de!